LA VENTA EFECTIVA CON PROGRAMACION NEURO LINGÜÍSTICA PNL

Por Varios Autores Equipo NetLife

Introducción

Este material está dedicado a quienes nacieron para hacer cosas grandes, a quienes nunca han perdido la ilusión de aprender algo nuevo, y para quienes disfrutan día a día del mundo comercial.

1.- Las Ventas

La venta es un proceso de negociación, cuyo objetivo principal es el cierre de la venta.

Un vendedor puede tener conocimientos teóricos pero la práctica es la que mide su efectividad.

La finalidad es vender un volumen adecuado de manera tal que produzca una ganancia suficiente para la empresa.

La Venta exitosa

La venta exitosa requiere que nos vendamos nosotros mismos primero antes de vender un producto o servicio.

La técnica de ventas debe ser la adecuada, pero además el producto o servicio debe tener la calidad y satisfacer las necesidades de los clientes con calidad y excelencia.

2. Cumplimiento de promesas en la venta.

Por Enrique Araujo

El cumplimiento de promesa es el más importante. Señalan al cumplimiento de promesas como la causa de mucha o poca confiabilidad en una empresa. Si una empresa cumple todas las promesas de venta o de servicio que establecen, el cliente puede confiar en la empresa para cualquier necesidad futura, con la certeza de que no perderá tiempo ni dinero. Cumplir las promesas genera confianza en el cliente y le permite optimizar su tiempo, que hoy en día es el activo más valioso de todos y a nadie le sobra tiempo para quejas y esperas.

Una empresa incumplida perjudica el tiempo de sus clientes, ocasionando molestias que pueden conducirlo a comprar con la competencia. Pero el daño no es sólo para los clientes externos, también hay daños al interior de la empresa, desafortunadamente el cliente interno no

1.- Las Ventas

La venta es un proceso de negociación, cuyo objetivo principal es el cierre de la venta.

Un vendedor puede tener conocimientos teóricos pero la práctica es la que mide su efectividad.

La finalidad es vender un volumen adecuado de manera tal que produzca una ganancia suficiente para la empresa.

La Venta exitosa

La venta exitosa requiere que nos vendamos nosotros mismos primero antes de vender un producto o servicio.

La técnica de ventas debe ser la adecuada, pero además el producto o servicio debe tener la calidad y satisfacer las necesidades de los clientes con calidad y excelencia.

2. Cumplimiento de promesas en la venta.

Por Enrique Araujo

El cumplimiento de promesa es el más importante. Señalan al cumplimiento de promesas como la causa de mucha o poca confiabilidad en una empresa. Si una empresa cumple todas las promesas de venta o de servicio que establecen, el cliente puede confiar en la empresa para cualquier necesidad futura, con la certeza de que no perderá tiempo ni dinero. Cumplir las promesas genera confianza en el cliente y le permite optimizar su tiempo, que hoy en día es el activo más valioso de todos y a nadie le sobra tiempo para quejas y esperas.

Una empresa incumplida perjudica el tiempo de sus clientes, ocasionando molestias que pueden conducirlo a comprar con la competencia. Pero el daño no es sólo para los clientes externos, también hay daños al interior de la empresa, desafortunadamente el cliente interno no puede cambiar de proveedor, por lo que la relación laboral se ve seriamente afectada

La experiencia nos enseña que los distribuidores o mayoristas pierden importantes oportunidades de venta

por falta de cumplimiento de parte del proveedor. Cumplir las promesas genera confianza en el cliente y le permite optimizar su tiempo, que hoy en día es el activo más valioso de todos y a nadie le sobra tiempo para quejas y esperas.

La interpretación errónea.- Las do2 causas principales del incumplimiento de las empresas son la interpretación errónea de los deseos del cliente y el ofrecimiento equivocado de promesas. En el primer caso, las empresas no ven o no desean ver lo importante que es para el cliente el cumplimiento. Puede suceder, incluso que no sea importante o que sea importante pero que no se mida o que se mida equivocadamente. Para muchos empresarios todavía el cumplimiento de los compromisos con el cliente no es una prioridad. En cambio, consideran que, desde el punto de vista del cliente, es más importante la actitud de servicio (cortesía, amabilidad, etc.), y los tangibles (aquello que es evidente en el lugar de atención) o la empatía ejemplo fuero .Sin embargo, ningún empleado puede dedicar tiempo a recuperar clientes, a ser amables con ellos

Como consumidores recibimos un servicio de alta calidad lo que recordamos casi siempre es la sonrisa o actitud del empleado,

LAS PROMESAS QUE LAS EMPRESAS OFRECEN A LOS CLIENTES LLAMADAS PROMESAS DIRECTAS FUNDAMENTAN SUS EXPECTATIVAS.

Esta problemática se origina por la medición realizada con base en parámetros que la empresa establece sin considerar la visión del cliente, para quien el cumplimiento es desarrollar y entregar el servicio prometido de manera adecuada y oportuna, por lo que alcanzar sólo una de las dos variables significa incumplimiento.

DIVERSAS FORMAS DE PROMETER La forma en que se establecen las promesas obstaculizan su cumplimiento

1) Promesas ambiguas. Aquéllas que no se establecen con el cliente, pero que éste considera pactadas al quedar en el aire una confirmación o una negociación por parte de la empresa,

2) Promesas poco concretas. Aquéllas que se establecen con un rango de cumplimiento muy amplio y que los clientes ajustan a sus necesidades o deseos, lo que provoca decepciones aunque la empresa en apariencia las cumpla.

.EQUIVOCADO ESTABLECIMIENTO DE PROMESAS

Muchas empresas prometen de manera inadecuada, por lo que aumentan las probabilidades del incumplimiento. Las tres formas más comunes en que se establecen equivocadamente las promesas son:

1. Falta de comunicación
2. No importa prometer equivocadamente
3. No se toman en cuenta todos los factores para prometer adecuadamente

EL CUMPLIMENTO DEPENDE DE LA EMPRESA

El cumplimiento es lo más importante para el cliente en materia de servicio y depende exclusivamente en materia de servicio y depende exclusivamente de la empresa, puesto que es ésta quien establece las promesas y genera expectativas en el cliente. Por ello es recomendable para las empresas evitar las promesas indirectas y tomar el tiempo necesario para analizar toda la información y las variables; de esta manera se puede prometer bien, porque está al alcance de sus manos. Siguiendo estos puntos, si una empresa no cumple la promesa es porque no quiere.

EL CUMPLIMIENTO COMO BASE DE LA CALIDAD

Destacar la importancia del cumplimiento dentro de una cultura de la calidad De lo anterior concluimos que el cumplimiento de la empresa es un elemento determinante en la decisión del cliente , y para la industria constituye los cimientos para brindar el mejor servicio..

3.- *El valor agregado en las ventas.-*

Por Amada Caicedo

¿Qué son las "Ventas con Valor Agregado"? Es una filosofía comercial que utilizan muchas empresas que enfatizan la búsqueda de maneras de mejorar, aumentar o completar más las ofertas que les presentarán a sus clientes. Es el prometer mucho, ¡y el entregar aún más! Es estar siempre buscando el modo de exceder las expectativas de nuestros clientes, creando así un valor extra en su mente, y mayores ganancias para sus empresas. ¿Qué características definen a una empresa que vende productos y servicios con Valor Agregado? Estas empresas venden tres cosas fundamentales en forma consistente: 1) El producto o servicio, 2) la empresa y 3) el vendedor. Es todo lo que uno hace antes de empezar a hablar del tema precios. Es el vendedor, el personal de apoyo, el entrenamiento, el conocimiento, la investigación, la inversión en recursos, el servicio al cliente, la dedicación a ser excelentes, etc. Son todos los valores que se le presentan al cliente/cliente potencial desde el comienzo del proceso de ventas, que hace que el precio no sea un factor tan fundamental al cerrar la venta. Si nuestros clientes o posibles clientes no perciben el valor de nuestros productos y servicios, entonces lo que tenemos para ofrecerles no es más que un simple artículo. Todos sabemos que un artículo no tiene los beneficios del Valor Agregado, y se vuelve un producto que más a menudo se vende al mejor postor. Esta forma de venta no representa por cierto el compromiso y la obligación que CRI tiene hacia sus clientes. En una encuesta conducida en grandes empresas, se encontró que los compradores estaban dispuestos a pagar un 12.2 por ciento más por productos de mejor calidad que los que estaban usando en ese momento, y un 8.5 por ciento más por un servicio mejor que el que estaban recibiendo en ese momento. Se les pidió a los mismos compradores que hicieran una lista de los factores más importantes para ellos. La lista fué así: Los 10 Factores Más Importantes 1) Vendedores bien informados 2) Calidad del Producto 3) Disponibilidad del Producto 4) Facilidad en la transacción 5) Respaldo Técnico 6) Precio de Adquisición 7) Habilidad ejecutiva del vendedor 8) Seguimiento de parte del vendedor 9) Performance del Producto 10) Apoyo luego de la venta Como puede verse en esta encuesta, los clientes no se fijan sólo en el precio. El precio figura bastante abajo en su lista de factores de importancia. El factor más importante es el conocimiento del vendedor. Es este conocimiento el factor más importante para decidir si van a comprar el producto, o van a utilizar los servicios que les ofrecemos. Ven a un vendedor bien informado como a un "socio" que es una parte importante para lograr ganancias en su empresa. A continuación del conocimiento del vendedor, encontramos la calidad del producto o servicio. ¿Brindamos los resultados que el cliente espera, o les damos más aún de lo que esperan?

Una de las razones más comunes es que el vendedor es él mismo de hecho un comprador basado en precio. Una de cada seis personas es un comprador basado sólo en precio, por tanto tiene sentido que una de cada seis personas sea también un vendedor basado sólo en precio. ¡Vende basado en el precio, porque también compra así! Si en su propia mente está pensando en el precio, aún cuando vende, con seguridad que el precio será un factor para el comprador a quien le está ofreciendo el producto. 2) Falta de conocimientos en otras áreas, que hacen que el vendedor no venda el Valor Agregado. No comprenden que el producto, los servicios y ellos mismos (cuando están bien informados) crean la oportunidad del Valor Agregado. Como vendedores, debemos estar buscando soluciones constantemente, para satisfacer las necesidades presentes y futuras de nuestros clientes. 3) Falta de confianza en lo que se vende. Algunos vendedores no creen que su producto o servicio es mejor que el de la competencia. Bajan su precio para igualar al del competidor, porque no llegan a apreciar el valor de su producto o servicio. Si este es el caso, deben realmente analizar lo que piensan. Deben estudiar las características y beneficios de su producto, y los servicios de Valor Agregado de su empresa. También es importante que estudien la competencia.

4.- El cierre de ventas.

Por Miguel Pizarro (peluche)

El cierre de ventas es una etapa del proceso de ventas en donde, luego de haber presentado un producto a un cliente potencial, y haber hecho frente a sus objeciones, se intenta cerrar la venta, es decir, se intenta inducirlo o convencerlo de decidirse por la compra.
Momento en el cual el cliente potencial (prospecto de venta) pasa a convertirse en nuestro cliente.

Para cerrar una venta debemos ser pacientes, esperar el momento oportuno (el cual puede darse incluso al principio de la presentación), y nunca presionar o forzar al cliente, sino inducirlo sutilmente.

Una forma de hallar el momento oportuno es identificando señales en el cliente que indiquen que quiere cerrar el trato, las cuales podrían incluir acciones físicas, comentarios o preguntas.

Debemos estar siempre atentos a estas señales. Muchas veces el cliente ya quiere cerrar el trato y, si no nos percatamos de ello, y seguimos imputando nuevas argumentaciones, podemos incomodarlo o molestarlo, y hacer que cambie de parecer.

Algunos momentos en los cuales podríamos decidir inducir, invitar o motivar al cliente potencial a decidirse por la compra o cerrar el trato son:

* cuando el cliente se erguía en su asiento y asiente con la cabeza indicando su aprobación.

* cuando el cliente empieza a mostrar corporalmente que ya quiere concluir la entrevista, por ejemplo, al ver la hora.

* cuando el tema de conversación ya no es sobre el producto, sino sobre las condiciones de pago o entrega.

* cuando el cliente empieza a preguntar acerca de los precios y condiciones del crédito.

* casi inmediatamente después de iniciarse el contacto.

* después de una demostración.

* después de haber absuelto una objeción.

* después de que el cliente ha respondido afirmativamente en reiteradas oportunidades.

* después de una presentación formal del producto.

* después de varias visitas o contactos.

Luego de haber hallado el momento oportuno para inducir al cliente a decidirse por la compra, algunas técnicas que podríamos utilizar para cerrar la venta son solicitar el pedido, reseñar los puntos del acuerdo, ofrecerse a redactar el pedido, preguntarle si desea tal o cual modelo, etc.

Si el cierre de venta no se produce luego de estos ensayos, puede deberse a:

- el cliente no está listo para cerrar el trato.
- al cliente le quedan interrogantes y objeciones no manifestadas.
- el vendedor no ha brindado toda la información que debió dar.
- no se han absuelto todas las objeciones expresadas o se han absuelto de modo insatisfactorio.

En estos casos debemos ser pacientes, reorganizar nuestra presentación o nuestros argumentos, brindar una mayor información, contrarrestar sus argumentos, resaltar nuevos beneficios e intentarlo nuevamente.

¿QUÉ SIGNIFICA CERRAR UNA VENTA?

Básicamente, cerrar una venta es obtener un compromiso por parte del potencial comprador. El cierre de ventas implica ayudar al cliente a tomar una decisión.

Cuando un vendedor hace la presentación del producto y sus beneficios para el usuario del producto, surgen las objeciones. Estas no deben ser vistas de forma negativa, ya que en muchos casos las objeciones son una muestra de interés.

EL PAPEL DEL SILENCIO EN EL CIERRE

Cuando un vendedor hace una pregunta para lograr cerrar la venta, a continuación debe callarse. Se dice entre los vendedores que "el primero que habla, pierde", y esto es por que el silencio del vendedor obligará al posible comprador a dar una respuesta, y con ello se le otorgará el poder para lograr el compromiso.

TÉCNICAS DE CIERRES DE VENTAS

1. **CIERRE INVITACIONAL.**

   Esta técnica consiste en "invitar" al cliente a tomar ventaja de los beneficios del producto.

2. **EL CIERRE PUERCO ESPÍN.**

   Esta técnica consiste en contestar con otra pregunta cualquier pregunta que realice el comprador al final de la presentación. Si el comprador potencial dice "La impresora está bien, pero ¿no tiene una más sencilla? Si el vendedor le contesta hablándole de otro modelo habrá vuelto a empezar el proceso de ventas, pero si le pregunta ¿La quiere sin conexión Wi-Fi? Y el cliente en ese momento le responde que sí, entonces ya habrá comprado.

3. **EL CIERRE POR EQUIVOCACIÓN.**

   En este caso, se trata de cometer una "equivocación intencionada". Si el vendedor le dijera al cliente algo como "Entonces ¿quiere que la entrega de la madera se la hagamos mensualmente?" El cliente podría responder: "No, prefiero que me las hagan semanalmente porque el almacén es pequeño". Al decirle esto el cliente estará "aceptando" la compra casi al instante.

4. **MÉTODO DEL PLAN DE ACCIÓN.**

Bajo éste método se le indica al comprador potencial cuál es el proceso a seguir, entonces el enfoque del comprador se desplaza del proceso de la decisión al disfrute de los beneficios.

5. **MÉTODO DE LA PREFERENCIA.**

En esta técnica no se le pregunta al cliente si desea o no comprar, la presentación continúa hasta que el vendedor ofrece las opciones de pago y condiciones de entrega buscando un compromiso total por parte del cliente.

6. **MÉTODO DE LA ALTERNATIVA.**

El vendedor pone al cliente ante la toma de alguna alternativa, no directamente la de comprar o no, sino de una decisión sobre la entrega, la cantidad de producto deseado y otros detalles. De esta manera, al tomar una pequeña decisión, el comprador estará cerrando el acuerdo automáticamente. Una "pregunta trampa" podría ser "¿Lo quiere pagar en efectivo o a crédito?"

7. **MÉTODO DE LA AUTORIZACIÓN.**

Cuando se acerca el final de la presentación del producto o servicio, el vendedor le pude directamente al posible cliente que firme la orden de compra. Si éste firma "autoriza" la venta.

8. **MÉTODO DE LA ORDEN DE COMPRA.**

Este método se usa cuando a lo largo de la presentación el vendedor formula las preguntas a la vez que va rellenando la orden de compra con las respuestas del futuro comprador. Hay que tener mucho cuidado con ésta técnica ya que el cliente podría pensar que el comercial está siendo irrespetuoso.

9. **MÉTODO DE CAMBIO DE PRECIOS.**

Esta técnica implica que el vendedor informe a su comprador potencial de que próximamente una nueva lista de precios entrará en vigor, o que ésta es la última semana que puede conservar los precios de verano. Otra forma de utilizar este método es ofrecerle al cliente un descuento de última hora.

10. **EL CIERRE REBOTE.**

En este caso el vendedor se aprovecha de una objeción hecha por el comprador potencial. Si el cliente manifiesta una objeción, el vendedor debe responder con su misma intensidad de voz y cerrar la venta ofreciéndole lo que, según las mismas palabras del cliente, eliminaría la objeción.

11. **EL CIERRE DE LA MÁXIMA CALIDAD.**

Una de las objeciones a las que los clientes más se aferran es que "su producto es muy caro". Cuando el vendedor oiga un comentario de este tipo, debe bajar el tono de voz, y replicar (como contando una historia):

"Hace mucho tiempo mi empresa tuvo que decidir entre bajar el precio y la calidad, o bien invertir un poco más en calidad aunque esto costara un poco más al cliente. Se decidió por la calidad, y ¿sabe por qué? Porque estamos seguros de que nuestros clientes valoran la calidad y el no tener que hacer una doble inversión. La mala calidad siempre sale cara, y eso tanto usted como yo lo sabemos, por eso nuestra compañía apuesta por la calidad."

Y a continuación, hacer el cierre directamente ofreciéndole enviar una cantidad en determinada fecha.

12. **TÉCNICA DEL CIERRE DE BENJAMÍN FRANKLIN.**

Todo aquel que haya vendido, sabrá que otra de las frases típicas de los clientes es: "Me lo pensaré". Cuando esto suceda, el vendedor debe fingir que acepta la decisión del posible comprador. A continuación debe empezar a recoger sus cosas y dejar que el cliente potencial crea que la presentación de ventas ha terminado. Pero cuando el vendedor ya está a punto de marcharse, puede decir algo como:

"Me imagino que quiere pensarlo porque no le gusta tomar decisiones apresuradas, pero me preocupa que tal vez en los próximos días algunas de las cosas que le

he dicho ya no las tenga tan frescas. ¿Me da un minuto más para recordarle unos cuantos puntos?".

Este es el momento de que el vendedor saque una hoja y dibuje en ella una T. En el lado izquierdo de la página puede escribir la palabra SI y en el otro lado un NO. El vendedor, entonces, debe escribir en la columna del SI todos los beneficios de comprar el producto. En la columna del NO, debe pedirle al comprador que incluya qué razones encuentra para no comprar. Cuando el cliente ya no aporte más razones, el vendedor puede rebatirle las razones negativas y de esta forma podrá realizar el cierre de ventas.

13. TÉCNICA DE LA VENTA PÉRDIDA.-

Si el vendedor ya nota que la venta está a punto de perderse puede intentar que el cliente vuelva a describir sus necesidades. En ese momento el vendedor puede detectar algo que se le había pasado por alto, sobre todo en cuanto a los beneficios del producto.

Esta técnica, también es conocida como "Método Presuntivo", ya que el vendedor asume que el cliente va a realizar la compra.

5.-*Prospectos.*

Por Víctor Olvera

La prospectación es uno de los aspectos clave de un vendedor o de una empresa. Antes de ocuparse de la venta deben preocuparse de conseguir a los clientes potenciales.

Solo realizando una adecuada prospectación, dispondrán de personas a las que poder ofrecer sus productos con ciertas garantías de éxito.

Una de las principales razones por la que es recomendable la prospectación es porque facilita enormemente la venta. Piensa por un momento…

¿Tendrías problemas en venderle a alguien que necesita nuestro producto o servicio?, la verdad es que "NO"; el problema radica en dónde está ese cliente que "necesita" mi producto o servicio.

Muchas empresas honestamente piensan que con colocarse en el lugar ideal, tener un hermoso aparador y mucho prestigio los clientes llegaran solos; pues la mayoría de los casos no funciona así. Ya que existe técnica de post-venta para captar clientes y no se trata quedarse sentado esperando a que los clientes lleguen por sí solos.

La prospectación es el arte de encontrar la aguja dentro de un pajar; es decir, buscar o ubicar aquellos clientes que tienen el perfil de tu segmento de mercado.

"El éxito o fracaso que obtengamos en nuestro negocio depende muchas veces de nuestra capacidad para prospectar"

Reflexionemos un poco… ¿Cuánto tiempo dedicas a buscar clientes potenciales?, ¿Cómo lo haces?, ¿Dónde buscas?, ¿A quién buscas?

En mi opinión creo que es miedo al "RECHAZO" a que nadie nos gusta recibir un puertazo o un "NO" o que nos cuelguen el teléfono. Sólo hay que pensar que NO ES PERSONAL, están rechazando el servicio o producto…no a tu persona.

Importantes técnicas de prospección:

1.-BARRIDO INTERNO: Es la revisión profunda en nuestra agenda de todos los registros de clientes antiguos que dejaron de comprar y de personas interesadas que no regresaron, solo "información".

2.-**PROSPECTACIÓN DIRECTA:** Es la común y antigua de forma de ventas pero la más difícil, la venta de puerta a puerta o peinado de zona.

3.- **POR PRENSA:** Nos basamos en anuncios de prensa y revistas especializadas o generales, aquellas en las que pueda estar anunciándose tus clientes potenciales.

También se hace un barrido telefónico para iniciar el contacto con ellos.

4.-PROMOCIONES DIRECTAS: Se realiza a través de convenciones, ferias, exposiciones, demostraciones, módulos, etc.

Es una técnica de como captar o llegar hacia clientes potenciales para cerrar la venta ahí mismo o a futuro.

5.-POR REFERIDOS: La prospectación más eficaz en lo personal, mientras tenga más referidos o clientes potenciales mayores posibilidades tendrás de cerrar con éxito una venta. Por ello dedícale mucho tiempo a prospectar NO a tus clientes potenciales, sino más bien a las personas que pueden recomendarte con amigos, colegas, familiares, jefes, etc.

6.-Manejo de tarifas.

Por Alex Santos

La planificación manual de las presentaciones del proceso de ventas supone que la cantidad correspondiente al lado de la entrada o la imputación es conocida. La planificación manual es real y equivalente a la confirmación directa de los correspondientes volúmenes de actividades y procesos de una venta

Es posible planificar.

Cantidades y tarifas

Indicadores de control

Condiciones previas

Antes de ejecutar la planificación manual seleccione un perfil del planificador apropiado en el proceso.

Se requiere ejecutar una determinada tarifa interactiva debe fijar correctamente el indicador de la tarifa en la planificación de su volumen del proceso de una venta .

Para realizar esto debe seleccionar primero la tarifa o el valor que se va a promocionar con su respectivo plan del cual sea un valor determinado conveniente tanto como para el cliente como para el que la promocione vendedor o empresa.

Esto se basa en el mercado competitivo para poder determinar un valor adecuado según su oferta y su demanda y los valores se fijan de acuerdo a el producto que se promocioné.

7.-Ponerse en los zapatos del cliente

Por Iliana Váscones

La idea de ponerse en los zapatos del cliente es descubrir por sí mismo, que trato reciben los clientes de parte de los vendedores, esto le ayudara a identificar los problemas de los demás y entender a los clientes.

Hay que imaginar cuales son los peros u obstáculos que el cliente pueda poner en el producto o servicio que se le está ofreciendo y analizar las posibles respuestas a estas objeciones.

Esto no solo le dará mayor claridad sobre lo que realmente se le está ofreciendo al cliente sino también hay que recalcar que lo más importante es que le brindara confianza y seguridad para enfrentarnos al mundo de ventas.

Cabe recalcar que la expresión "PONERSE EN LUGAR DEL OTRO" es muy utilizada y de las razones es para intentar comprender y sentir lo que siente el cliente y cuando el vendedor sea capaz de comprender, sin duda alguna tomaremos mejores decisiones para la satisfacción del cliente y por ende venderemos más y de una mejor manera aumentando nuestra de clientes.

También hay que ofrecerle al cliente lo que él requiere, lo que está de acuerdo sus necesidades y no brindarle algo que a la larga no lo vaya a requerir ya que el cliente se sentirá engañado de lo que se le vendió.

Hay que recordar que cuando se cierra una venta no queda ahí, ya que al cliente le gusta que su vendedor este presente cuando él lo requiera para poderle responder a sus inquietudes y darle soluciones a sus problemas con el servicio o producto que obtuvo y así le ayudara que el cliente se sienta de una manera segura.

Una frase muy escucha es: "EL CLIENTE SIEMPRE TIENE LA RAZON" , en mi opinión no es así, la frase correcta es: "SIEMPRE HAY QUE PONERSE EN LOS ZAPATOS DEL CLIENTE" y así poder tener un mayor entendimiento de ambas partes y que esa relación, el cliente la sienta que puede contar con el vendedor para todos sus requerimientos.

8.- PROMOCIONES

Por Raúl Galarza

La empresa de netlife le ofrece las mejores promociones del mercado para su

Mayor información estas son las siguientes promociones que tenemos en este

Mes vigente.

PROMOCION # 0

El servicio de netlife tiene un costo de instalación de $100 más IVA pero si tiene cuenta de ahorro se le da el 50% de instalación que seria $56 mientras que con su cuenta corriente obtendría el 100% de la instalación gratis al igual que con tarjeta de crédito obtendría el doble beneficio que seria el 100% de instalación gratis más el 25% de descuento en sus tres primeras facturas.

PROMOCION # 1

Esta promoción tiene un descuento del 25% por el cambio de proveedor sea este

- ➤ CNT
- ➤ TV CABLE
- ➤ CLARO FIJO
- ➤ PUNTO NET
- ➤ UNIVISA
- ➤ INTERACTIVE

Por los tres meses presentando factura actual esto aplica en planes 15/3 precio de $23.99 más IVA y el 30/6 precio de $39 más IVA.

PROMOCION # 2

Esta promoción tiene un descuento 25% y 40% cuando contratas con cualquier tipo de tarjeta de crédito aplica a planes 15/3 precio de $23.99 más IVA, 30/6 precio de $39.00 más IVA estos aplican descuento de 25% mientras que el 45/9 precio de $40.20 más IVA y el 75/15 precio de 66.00 más IVA aplican a descuento del 40% .

PROMOCION # 3

Esta promoción tiene un descuento del 40% aplicando los tres primeros meses con la tarjeta del banco Guayaquil aplica a planes 15/3 precio de $19.19 más

IVA, 30/6 precio de $31.20 más IVA, y el 45/9 precio de 40.20 más IVA con instalación gratis.

PROMOCION # 4

Esta promoción tiene descuento del 40% aplicando la tarjeta de crédito del banco del pichincha a planes del 15/3 precio de $19.19 más IVA y a 30/6 precio de $31.20 más IVA con instalación gratis.

QUE ES NETLIFE

NETLIFE es el primer Internet FTTH del país, que ofrece un desempeño único en su categoría, porque tiene Fibra Óptica directo hasta el hogar, la menor compartición del mercado, velocidades incomparables y personal comprometido con tu ritmo de vida, para que la navegación en la red sea la mejor experiencia.

9.- El precio adecuado del servicio y / o producto.

Por Rúbber Suárez

Establecer un valor de un servicio o de un producto depende de varios factores que no solo refieren a un costo bajo del producto para así competir "fácilmente" ante los otros proveedores porque podría caer en la imagen de que si el producto es barato entonces es de mala calidad, pensamiento de una gran parte de población.

Lo primero sería definir nuestra capacidad de inversión sobre nuestro producto y los diversos factores que implica el lanzamiento del mismo, evaluando nuestros objetivos y metas que deseamos alcanzar con él.

Luego definir el mercado al cual nos dirigimos, esto refiere si va a ser un producto de venta general o a un público objetivo y a su vez realizar un levantamiento de información para verificar la capacidad de pago versus la calidad de nuestro producto; también podemos considerar la diferencia de precios de los diversos proveedores para así poder tener un rango o margen de error para establecer nuestro precio, debemos conocer a nuestra competencia, observar si nuestras características se parecen o son iguales a otros proveedores para así dar un punto de énfasis a nuestro producto lo que le permita resaltar.

Reconocer también porque nuestro producto es diferente, porque es mejor o inferior, como dar una imagen diferente de la de nuestros competidores y así generar prevalencia sobre los otros proveedores sin tener puntos en contra en nuestra utilidad general.

Algo que es un punto básico es verificar si nuestro producto presenta una demanda de gran o poco significancia, porque depende de esto a que sectores nos queremos dirigir y si nuestro servicio o producto será rentable o proporciones las utilidades adecuadas.

10) Actitud correcta del vendedor

Por Belén Recalde

El vendedor de cualquier servicio debe siempre tener la mente de un empresario, tanto es así, que absolutamente ninguna persona que crea ser bueno para este Gran Campo como lo es las Ventas, puede dejar de lado el deseo de empezar inclusive puerta a puerta ofreciendo su producto, pero siempre con miras que de este, no solo recibirá un dinero a cambio, sino el crecimiento profesional, personal y sobre todo mentalizarse positivamente en que pronto organizara su empresa o la creara para sí.

En el paso del tiempo hemos visto como centenas de libros se escriben acerca de este tema como el de el vendedor de los huevos de Oro, La guía de ventas paso a paso por Patricio Peker y así mismo, el Manual de Ventas y Negociación por Ángel Mateo, etc., y aunque no muchos tienen el don, muchos llegan a desarrollar habilidades tan persuasivas, que podrían vender hasta el monumento más emblemático de cualquier país del primer mundo. Estos generalmente son aquellos que llevan la batuta en la rama, y han hecho que aquellos que modestamente deseamos aprender, nos avive el amor por demostrar que sea como sea tenemos el mejor servicio, pues sabemos y conocemos nuestro producto consientes de su alcance en el mercado pertinente.

Me gustaría personalmente indicar las características que un vendedor debe poseer al momento de hacer una venta: Buena actitud, excelente presencia, dialogar con el cliente siempre mirándolo a los ojos, sonreír pertinentemente, suplir sus necesidades adelantándose a las mismas, conocer su producto habiéndolo utilizado antes de ofrecerlo, Buen criterio al momento de tomar decisiones, hacerle creer siempre al cliente que tiene la razón, darle seguridad al cliente

11.- Manejo de las emociones en las ventas.

Por Dalia Montenegro

Concepto de inteligencia emocional.- El termino inteligencia emocional se refiere a la capacidad humana de sentir, entender, controlar y modificar estados emocionales en uno mismo y en los demás. Inteligencia emocional no es ahogar las emociones, sino dirigirlas y equilibrarlas.

¿Sabías que…..?

El éxito de una persona depende en gran medida de la forma en que maneja sus emociones.

Sin duda, para ser un buen vendedor las capacidades técnicas son importantes, pero en las últimas décadas ha cobrado especial importancia lo que se denomina inteligencia emocional.

Por lo tanto, en la actualidad, se ha llegado a la conclusión de que para ser un vendedor de calidad superior se debe procurar desarrollar la inteligencia emocional.

¿QUE ES LA INTELIGENCIA EMOCIONAL?

Según Daniel Goleman, la inteligencia emocional es: La capacidad para reconocer nuestros propios sentimientos y los ajenos, de motivarnos y manejar bien las emociones, en nosotros mismos y en nuestras relaciones.

Según este autor también la inteligencia emocional se puede organizar en torno a cinco capacidades: conocer las emociones y sentimientos propios, manejarlos, reconocerlos, crear la propia motivación, y gestionar las relaciones.

- La inteligencia emociona en la captación de los clientes
- La inteligencia emocional en el proceso de negociación llevado a cabo en las venta
- La inteligencia emocional en el trabajo en equipo comercial
- La inteligencia emocional en la dirección de equipos de ventas

IMPORTANCIA DE LA INTELIGENCIA EMOCIONAL EN LAS VENTAS

Para un vendedor es de suma importancia desarrollar habilidades sociales que le permitan obtener el mayor rendimiento posible de las relaciones con otras personas.

Los siguientes son algunos de los aspectos de las ventas en los que la inteligencia Emocional juega un papel importante.

- Para un vendedor es de vital importancia ser capaz de aceptar un rechazo de forma adecuada en cualquier etapa de la venta
- Ser optimista aumenta las probabilidades de éxito de un vendedor, no solo a corto plazo sino también la permanencia a largo plazo en la profesión.
- La inteligencia emocional bien desarrollada, permite un mayor nivel de tolerancia a la frustración, favoreciendo a sí mismo el control del estrés.
- Un vendedor basado en la inteligencia emocional, procura fortalecer la relación con el cliente, ser perceptivo ante las emociones del cliente, así como establecer un nexo entre sus deseos y necesidades y los beneficios del producto o servicio.
- La inteligencia emocional es la encargada de ofrecerle al vendedor, motivación y capacidad de perseverancia para enfrentar el proceso de ventas, el cual en algunos casos es difícil.
- Un vendedor que desarrolle su inteligencia emocional lograra tener un mayor control de sus impulsos y su humor, y desarrollara la capacidad de empatía.

En conclusión

Piensa en todas las puertas que los clientes han cerrado ante ti y trata de recordar cual fue la estrategia que seguiste. ¿Fue expuesta de forma inteligente desde el punto de vista Emocional?

Una puerta de conciencia de tu cerebro abre y cierra las puertas de sincronización con las puertas en la vida real y material. Esa puerta se encuentra entre tu ser racional y emocional. Cuando esa puerta está cerrada, la parte emocional de tu cerebro sabotea tus esfuerzos. La parte racional de tu cerebro empieza a racionalizar cada palabra que usaste para sabotear y contaminar tus esfuerzos. Cuando esta puerta de la autoconciencia de tu cerebro se abre, la parte emocional y racional del cerebro comienzan a actuar de forma armónica.

12.- *Objeciones en ventas*

Por Carlos Soledispa

Conozco a muchos vendedores que, en cuanto el cliente les pone la primera objeción, se echan a temblar.

"Las objeciones son una trampa para el aficionado pero una buena oportunidad para el profesional"

A lo largo de todos mis años como vendedor puedo asegurar que no he hecho una sola venta en la que no me pusieran objeciones. La venta sin objeciones no existe. Si al cliente no le interesa el producto que le estás ofreciendo, no te harán ninguna objeción. Se limitará escucharte y a decir que todo es perfecto, pero no comprará.

¿Que son las objeciones en una venta?

Son las contra argumentaciones que nos hace el comprador. A veces son simplemente excusas para no comprar y otras veces están realmente fundamentadas.

La objeción es una razón para no comprar que nace de la falta de conocimiento por parte del cliente y se basa en una información insuficiente.

Por lo general cuando un cliente hace objeciones es por los siguientes motivos:

1. Necesita más información para convencerse de hacer la compra.
2. La información que ha recibido o no fue bien entendida por él o no le fuiste claro al explicarle.
3. Para darse importancia, lo que es sinónimo de mostrarse competente, técnico o difícil negociador.
4. Para justificar la compra.
5. Por espíritu de contradicción, oposición sistemática.
6. Para manifestar su indiferencia, desinterés por la oferta.

¿Cuándo nace una objeción?

En líneas generales por un móvil de compra insatisfecho, que crea desconfianza a la hora de volver a contratar o comprar algo.

Una objeción también nace por condiciones como:

1. No hay dinero, ni capacidad de pago. Si es cierta esta condición ni las mejores técnicas de ventas lograran que vendas.
2. No ir a la persona adecuada, ósea la que toma la decisión de compra.
3. No lo necesita.

Ahora bien, si intervienes en un proceso de ventas en el que no se da ninguna condición y no vendes, la culpa es tuya. Estoy cansado de oír hablar a los vendedores de clientes estúpidos. No existen clientes estúpidos, sólo vendedores ineficaces.

Como actuar frente a las objeciones:

1º.-Aceptarla de buen grado. Piensa que quien más se beneficia al desvanecer la objeción es el vendedor, es decir, tú.

2º.-Admitir la lógica de las objeciones sinceras. Esto no significa actuar con hipocresía, sino con cortesía, a la vez que predisponemos al cliente favorablemente para que acepte nuestros argumentos.

3º.-Nunca eludir una objeción. Podemos posponer su respuesta para cuando nos convenga a nosotros, pero jamás la eludiremos por completo.

4º.-Tener calma y dominar la situación. Aun cuando el cliente adopte una postura impertinente, injusta o incluso abusiva. . . es cuando más debemos dominarnos. El papel del vendedor es el de persuadir sin imponer, convencer sin vencer, ganarse al cliente sin discutir.

5º.-Resalta los puntos más importantes en los que estén de acuerdo el cliente y tú antes de tratar las posibles diferencias. Enuméralos ante el cliente, resáltalos conjuntamente con él. Este hecho puede predisponerle muy favorablemente.

6º.-Para desvanecer las objeciones utiliza el nombre de tu empresa y apóyate en ella.

- La solución que plantea NETLIFE xxxx en estos casos es. . .

- La política de NETLIFE con relación al problema que me   comenta   es..........

7º.-Si te falta experiencia sobre un determinado tema, o no puedes dar una respuesta exacta, es preferible que se lo digas al cliente antes de improvisar, inventar y mucho menos engañar. Di algo así como. . .

- En estos momentos no dispongo de los datos exactos para responder a su pregunta. Si me lo permite tomaré nota de ella y lo consultaré en cuanto me sea posible, haciéndole llegar la solución a su cuestión.

8º.- Vigila tu actitud ante el cliente. Hay personas que no toleran vendedores sabelotodo.

Deseo remarcar un hecho importantísimo. Las objeciones hay que desvanecerlas en lugar de rebatirlas.

REGLAS PARA RESOLVER UNA OBJECION.

Escuchar. . . . . (sin interrumpir) antes de contestar la objeción

Repetir. . . . . la objeción a tu manera, con tus palabras

Acordar. . . . . . que eso y solo eso es lo que separa de la venta

Desvanecer. . . . . la objeción según las técnicas

Reanudar. . . . . la entrevista como si nada la hubiese detenido

13.- Seguimiento en ventas.

Por David Hidalgo

Hay muchas buenas razones para tomarse en serio el seguimiento de ventas. Tendrás una mejor visión general de tus actividades de ventas y del valor percibido de tu oferta. Por último, también cerrarás más ventas.

El proceso de trabajar sistemáticamente los factores de éxito, generalmente se llama seguimiento de ventas.

BENEFICIOS DEL SEGUIMIENTO DE VENTAS.-

En la mayoría de organizaciones de ventas la presión se centra en cerrar negocios y en no malgastar tiempo en cosas que no concluyan en venta. Esto hace que no se obtengan valiosos comentarios de aquellos que no compran.

Cada vez más, las empresas y los equipos definen procesos básicos para asegurar que ésta información no se pierda. Se recomienda capturar la razón por la que se pierde cada oportunidad de forma regular y analizar a fondo los datos con frecuencia.

CONSEJOS PROFESIONALES DE SEGUIMIENTO DE VENTAS.

Probablemente tendrás que implementar un proceso de análisis ganancia-pérdida. Para obtener los mejores resultados, registra las razones por las que se pierden las ventas en tu equipo y también permite a los clientes darte su opinión sobre tu equipo de ventas y tu oferta.

CÓMO DAR SEGUIMIENTO A LOS CLIENTES?

Es tentador concentrarse únicamente en vender o conseguir grandes y nuevas cuentas. Pero prestar atención a tus consumidores actuales, sin importar que tan pequeños sean, es esencial para mantener tu negocio a flote.

El secreto para conseguir que los clientes compren de nuevo en tu negocio está en dar seguimiento de tal forma que consigas un efecto positivo en ellos. Esto inicia inmediatamente después de la venta, cuando llamas al cliente para agradecerle su compra o para averiguar si está o no satisfecho con tu producto o servicio.

14.- Cultivar una relación con el cliente.

Por:ClaudiaRuiz

Proyectar confianza y seguridad hacia nuestros clientes nos hará construir relaciones duraderas con el eje de cualquier negocio: el cliente.
La confianza lleva a la venta o sea que mientras más confían los clientes en nosotros tenemos más oportunidades de ventas por lo cual es sumamente importante ir consolidando esa confianza con el pasar del tiempo.
Cuando el cliente busca otras opciones es porque nosotros mismos hemos dejado la brecha o el espacio para que entren los competidores y para que esto no ocurra es necesario crear barreras al cambio demostrarle al cliente que somos la mejor alternativa, innovando constantemente manteniendo siempre ese feedback.
Esforzarnos por conseguir clientes nuevos es nuestra labor en ventas pero no nos olvidemos que los clientes ya existentes son un potencial mercado un tesoro con el que toda compañía cuenta y que se puede explotar pero esto se logra solo trabajando en equipo en todas las áreas concienciando al personal que TODOS somos Servicio al Cliente desde la persona que hace la limpieza hasta su

máxima autoridad, un cliente plenamente satisfecho es un vendedor más en la calle que se encarga de promocionar nuestro servicio.

La venta no termina cuando el cliente adquiere nuestro producto demos una respuesta pronta a sus problemas contestando sus llamadas, correos, etc. a la brevedad posible y encaminándolos hacia una solución definitiva. Realicemos seguimiento y confirmemos con el mismo cliente indagando su opinión para saber que se encuentra totalmente satisfecho con nuestro servicio. Ofrezcamos en todo momento una atención personalizada, demostrando una preocupación real por el cliente lo hará sentir escuchado y bien atendido entonces será el primer interesado en cultivar la relación con nosotros.

Por ultimo no miremos solo hasta la punta de nuestra nariz saquemos de cada uno de nosotros esa vocación de ayudar y de servir que no debe de estar condicionada hacia "lo que me pagan y por lo que me pagan" sino a sentir esa satisfacción interior de atender a los clientes como nos gustaría que nos trataran a nosotros!

15.-La fidelización de clientes

Por Alex Jara

La fidelización de clientes consiste en lograr que un cliente se convierta fiel a nuestro producto servicio, o sea que se convierta en un cliente asiduo o frecuente.

La fidelización nos permite lograr que el cliente vuelva a comprarnos o visitarnos, sino que también nos permite lograr que recomiende nuestro producto o servicio a otros consumidores.

Muchas empresas descuidan la fidelización de los clientes y se concentran en captar nuevos clientes, lo que suele ser un error ya que fidelizar un cliente suele ser más rentable que capturar uno nuevo, debido a que genera menores costos en marketing (un consumidor que ya nos compro es más probable que vuelva a comprarnos) y en administración (venderle a un consumidor que ya nos compro requiere de menos operaciones en el proceso de venta).

Identificar la forma de retener a tus clientes es una de las tareas más confusas para una empresa. La fidelización es uno de los aspectos más importantes en un negocio de eso no hay duda. Para ello se invierte serios esfuerzos en el diseño de estrategias de atracción pero desgraciadamente no siempre se ven recompensadas con nuevos compradores, indiferente del entorno en el que desarrolles tu actividad es primordial que mantengas un nivel de satisfacción elevado, para que tus clientes no quieran marcharse jamás.

Por desgracia muchos directivos de pequeña y mediana empresa se empeñan de explotar el antes y no esmerarse en el después, cuando se trata de sus clientes. Si deseas mantener tu negocio sólidamente y conservar esas referencias de suma importancia para el futuro, tus clientes actuales pasarán a ser la piedra angular de tu proyecto.

Estrategias para mejorar la fidelización de clientes.

1.- Conoce a tus clientes.

A las personas les gusta que les conozcan y ser conocidas. Por ello, los clientes van a mostrarse más receptivos más con aquellas organizaciones que se esfuerzan en ir más allá, en crear empatía con ellos. Según HelpScout, numerosos estudios referentes a la psicología del comportamiento humano reflejan que se considera mucho más positiva una experiencia de servicio cuanto menos grado de presión o apremio se ejerce sobre el target. Esta revelación nos induce a dedicar un mayor tiempo a fortalecer los lazos con los clientes a favor de entender sus preocupaciones y necesidades para estrechar una relación más real y cercana que beneficie a ambas partes.

2.- Ten un sistema de feeback.

No hay nada que sirva como mejor arma de fidelización que escuchar a tus propios clientes. Un sistema de feedback, como una encuesta de satisfacción o simplemente hablando personalmente con ellos, te ayudará a conocer de primera mano su opinión acerca del servicio que le estas brindando. Esta retroalimentación puede ser el detonante para poner en práctica ideas brillantes de mejora e innovación que ellos te van lanzando.

3.- Brindar un buen servicio al cliente

Brindar un buen servicio al cliente significa entre otras cosas, brindarle al cliente una buena atención, un trato amable, un ambiente agradable, comodidad, un trato personalizado y una rápida atención. Esto nos permite ganarnos la confianza y preferencia del cliente y así lograr que vuelva a comprarnos o a visitarnos, y que muy probablemente nos recomiende con otros consumidores.

4.- Brindar servicios de post venta.

Consiste en brindarle servicios posteriores a la venta, tales como el servicio de entrega del producto a domicilio, el de la instalación gratuita del servicio, el de asesoría en el uso del producto, el de reparación y mantenimiento del producto, etc. Todo con un fin similar al de brindar un buen servicio al cliente, que es el de ganarnos la confianza y la preferencia del cliente; pero además de ello, nos permite mantener contacto con el cliente después de haberse realizado la venta.

5.- Mantener contacto con el cliente.

Consiste en conseguir sus datos personales y luego comunicarnos con él, por ejemplo, llamándolo por teléfono para preguntarle qué tal le va con el servicio o enviándole postales de saludos por su cumpleaños o por alguna fecha festiva. Esto crea una estrecha relación con el cliente y hacerle sentir que nos preocupamos por él, pero también nos permite comunicarle eventualmente nuestros nuevos servicios y promociones.

6.- Buscar un sentido de pertenencia.

Consiste en procurar que el cliente se sienta parte de la empresa, brindándole un buen servicio al cliente, pero también haciéndole participar en las mejoras de la empresa o haciéndolo sentir útil para ésta, por ejemplo, pidiéndole sus comentarios o sugerencias.

Otra forma de lograr un sentimiento de pertenencia es crear la posibilidad de que el cliente pueda suscribirse o ser miembro de la empresa, por ejemplo, otorgándole un carnet de socio o una tarjeta vip, con los cuales pueda tener acceso a ciertos beneficios tales como descuentos u ofertas especiales.

7.- Usar incentivos

Otra estrategia para fidelizar clientes consiste en hacer uso de incentivos o promociones de venta que tengan como objetivo lograr que el cliente repita la compra o refiera clientes para acceder a descuentos especiales.

8.- Ofrecer un producto buena calidad

Finalmente, la mejor manera de fidelizar clientes consiste ofrecerle un producto o servicio de buena calidad y que satisfaga necesidades, gustos y preferencias. El ofrecer un producto de buena calidad nos permite ganarnos la preferencia del cliente, lograr que repita la compra o vuelva a visitarnos y al final lograr que se convierta en un cliente fidelizado.

16.-La venta exitosa

Por Gloria Obando

La venta exitosa requiere que nos vendamos nosotros mismos primero antes de vender un producto o servicio.

La técnica de ventas debe ser la adecuada, pero además el producto o servicio debe tener la calidad y satisfacer las necesidades de los clientes con calidad y excelencia.

Podemos considerar como tal aquella venta que no culmina en la firma de un papel, sino que se extiende hasta la pos venta. Podemos ser los ejecutivos de cuenta de un cliente y así este podrá contactarnos en cualquier momento. Estar a las órdenes de un cliente hará que éste nos guarde respeto y se sienta a gusto con nuestra atención, generando confianza y recomendándonos a todos sus familiares y amigos.

17.- El vendedor 360 grados.

Por Carlos Ballerino Moeller

Para mí el vendedor 360 es el que continuamente se está evaluando, retroalimentando y capacitando.

Se evalúa periódicamente y puntualmente en:

Mostrar un alto grado de integridad y profesionalismo al actuar.

Ser Honesto en todo momento.

Analiza su destreza en resolver problemas y asuntos pendientes.

Su potencial negociador

Su ingenio e innovación para lograr nuevas metas y objetivos o nuevas maneras de hacer las cosas.

Practica el auto desarrollo

Lo motivan los resultados

Toma la iniciativa

Se comunica de manera convincente y política

Inspira y motiva a otros a lograr un alto desempeño

Desarrolla nuevas relaciones continuamente y las mantiene

Desarrolla a otros

Colabora y trabaja en equipo

Desarrolla una perspectiva estratégica

Promueve el cambio

Conecta al mundo con el mundo externo.

Se retroalimenta con sus superiores para saber cómo esta y si están a gusto con su trabajo y en que podría mejorar.

También lo hace con sus pares sabiendo sus opiniones y pidiendo consejos.

Y también con sus subalternos, clientes externos y proveedores.

Eso le da una visión más amplia de cómo se encuentra y en que debe mejorar. Eso le permite tener una visión 360

Finalmente el vendedor 360 es el que esta continuamente capacitándose, leyendo, actualizándose, ensenando a los demás y genera coherencia en todas las áreas de su vida.

Eso para mí es un vendedor 360.

18.- ¿Cómo enfrentar la venta al frío?

Por Erving Prado

En el mundo comercial no existe nada más motivante que estar capacitado para dominar varios escenarios en las ventas, y no es para menos ya que "la venta al frío" es el "deporte extremo" para todos quienes formamos parte de un departamento de ventas y buscamos resultados a corto y mediano plazo.

A continuación voy a compartir varios aspectos importantes que debemos considerar antes de salir de nuestro hogar u oficina en búsqueda de nuevos clientes.

1. Decisión: Un vendedor puede pasar las 24 horas del día pensando en todo lo que puede hacer, pero si no "decide hacerlo"

simplemente será parte de las miles y miles de personas que sólo viven soñando en la vida.

2. Conocimiento: No es nada extraño aquello de que "El saber te da el poder" así que si ya "decidiste" ser diferente a los demás debes empezar por capacitarte y así obtener la mayor cantidad de conocimientos posibles, no sólo del producto o servicio que comercializas, sino también de todo aquello que esté relacionado directa o indirectamente con las ventas ya que esto se podrá convertir en una herramienta que nos puede ayudar a conseguir resultados positivos.

3. Planificación: Es una de las partes más importantes dentro del proceso de la "venta al frío" debido a que si planificamos nuestra gestión comercial de forma correcta podremos ganar mucho tiempo, y eso nos permitirá lograr una mayor concentración en el trabajo a desarrollar.

4. Acción: Un vendedor puede haber tomado la decisión; obtenido el conocimiento y haber planificado su gestión, pero de nada servirá esto si nunca sale a ponerlo en práctica. Hay que salir de "zona de confort" y atreverse a lograr mejores resultados haciendo cosas diferentes, y salir a la calle a prospectar, es sólo el principio de muchas cosas positivas donde la mente juega un papel fundamental.

5. Actitud positiva: Una vez que ya estás en esa "selva de cemento" llamada "calle", es vital mantener una actitud positiva. Tú eres la estrella; eres quién va a realizar algo a lo que muchos le temen, pero lo vas a hacer porque "si estás vivo, es para lograr cosas grandes" eres quien ha decidido "romper paradigmas"; quien va a llegar al presupuesto antes de que cierre el mes; eres quien va a duplicar ese ingreso por comisión. Eres quién ha decidido dejar atrás ese fantasma que siempre te detuvo a lograr los resultados anhelados.

6. Energía positiva: cuando estemos ante un cliente, jamás olvidemos nuestra presentación, debe ser correcta y sobre todo tenemos que transmitir alegría, optimismo. Saludar con una sonrisa de entrada

genera un impacto positivo a quien en ese momento nos está recibiendo o nos está prestando atención. Ayuda a que nuestro posible cliente entre en "sintonía" con la información que queremos compartir.

7. En mi equipo nací para ser titular y no suplente: En un partido de fútbol hay jugadores que siempre están en la banca, que se conforman con jugar pocos minutos, pero un equipo necesita jugadores que suden la camiseta TODO el partido ya que los goles muchas veces llegan en el último minuto. Así mismo en la venta al frío un vendedor debe saber que los contratos muchas veces se cierran en la última hora de prospección, luego de 3, 4 o 5 horas de trabajo y es en este punto donde se necesita gozar de una mentalidad 100% ganadora y libre de paradigmas.

8. Continuidad: Así como en el deporte la prospección comercial requiere de continuidad ya que podemos perder ritmo de trabajo.

Espero les guste este material y sobre todo les pueda servir en cualquier momento.

"Los vendedores no tenemos miedo porque nacimos para aprender; y ser los mejores en cada uno de nuestros puestos"
"Erving Prado"

LOS SISTEMAS DE REPRESENTACIÓN

Por Erving Prado

VISUAL.-

-¡Buenas tardes!

Mi nombre es Erving Prado, asesor comercial de la compañía Netlife

Esta llamada es para que Ud. pueda **_admirar_** el **_avance_** de las conexiones a internet en nuestro país. Le ofrecemos una propuesta **_brillante_** con un precio muy **_atractivo_** que le permitirá **_visualizar_** todas las aplicaciones disponibles contratando un plan home de Netlife.

AUDITIVO.-

-¡Buenas tardes!

Mi nombre es Erving Prado, asesor comercial de la compañía Netlife

Queremos **_anunciar_** a todos nuestros clientes que siempre están en **_sintonía_** de nuestras promociones, que ahora tenemos un plan que los hará **_gritar_** de emoción. Ahora Ud. Podrá **_llamar_** y solicitar el nuevo plan de 100 megas para que empiece a disfrutar el **_sonido_** de la máxima velocidad.

KINESTÉSICO.-

-¡Buenas tardes!

Mi nombre es Erving Prado, asesor comercial de la compañía Netlife

Queremos invitarlo a **_romper_** esquemas y a que sea parte del nuevo sistema de conexión a internet que ha llegado con **_fuerza_** a nuestro país. Disfrútelo en su hogar o **_trabajo_**. Tenemos varios planes que se pueden **_ajustar_** a sus necesidades. Es hora de que Ud. empiece a **_sentir_** el cambio.

OLFATIVO Y GUSTATIVO.-

-¡Buenas tardes!

Mi nombre es Erving Prado, asesor comercial de la compañía Netlife

Olvide ese **_amargo_** instante en el que se le va el internet y disfrute de un **_dulce_** momento en unión de su familia viendo las mejores películas en línea, sabemos que Ud. tiene **_olfato_** para contratar lo mejor para su hogar. Dele ese **_gusto_** a sus seres queridos. El instante **_agrio_** quedó atrás, bienvenido a Netlife. Internet de alta velocidad.

PREDICADOS SIN ESPECIFICAR.-

-¡Buenas tardes!

Mi nombre es Erving Prado, asesor comercial de la compañía Netlife

En el Ecuador ya se puede **_percibir_** la nueva era tecnológica que nos invita a **_cambiar_** varios servicios haciéndonos **_entender_** que el mundo gira a nuestro alrededor y tenemos que **_decidir_** si elegimos **_crecer_** o si nos negamos a **_considerar_** la posibilidad de abrir nuevas oportunidades a través del uso de un excelente enlace a internet.

Visual

Como le va Sr. Tópic quería saber si usted ya pudo observar el gráfico de la volante que le envié en la cual están nuestros atractivos planes mensuales y si ya tiene claro que forma de pago va a utilizar para firmar el contrato.

Auditivo

Estimado Sr. Tópic me podría decir si ya le puedo explicar sobre nuestros planes y servicios, recuerde que si tiene alguna duda o pregunta me puede pedir ayuda que yo con mucho gusto le daré una respuesta satisfactoria.

Kinestésico

Muy buenas tardes Sr. Tópic le envío un fuerte abrazo pudo revisar la impresión de nuestros planes para que me indique cual se ajusta a sus necesidades y poder concretar la solicitud recuerde que al contratar nuestro servicio usted dará un salto a la nueva era en Tecnología!

Olfativo y Gustativo

Hola Sr. Tópic que gusto saludarlo que rico olor tiene en su oficina percibo una fragancia dulce, he venido para que ya firme su contrato del mejor servicio de internet por medio de Fibra Óptica que le sacara todo ese sabor amargo que le dejo su anterior proveedor!

Sin Especificación

Estimado Sr. Tópic pudo considerar nuestra propuesta de servicio para cambiar su actual proveedor y crecer así hacia la nueva tecnología FTTH, si ya tiene todo claro y no tiene ninguna pregunta podemos proceder a la firma del contrato.

Scripts de Ventas

Por Alex Jara

Visual

Estimado cliente, permítame exponerle acerca de nuestro brillante servicio de Netlife, en que ofrecemos la última tecnología de fibra óptica dentro de su hogar, con un avance tecnológico que no ofrece ningún otro proveedor, y obtendrá una navegación de forma rápida y deslumbrante.

Auditivo

Estimado Galo Castillo gracias por llamar y preferir nuestro servicio de internet es un placer atenderle y responder cualquier pregunta que desee, recuerde que con nuestro servicio obtendrá el mejor internet del país y no tendrá queja alguna, gracias por preferir Netlife

KINESTESICO

Señor Antonio en respuesta a su solicitud de servicio en concreto., acérquese a nuestras oficinas para que firme una nueva solicitud y se le obsequiara un suave peluche por el día de San Valentín.

OLFATIVO Y GUSTATIVO

Señora Juana que gusto escuchar su dulce voz, lamentamos su amarga experiencia con la competencia pero hasta el día de hoy duro el sabor agrio de sus quejas.

PREDICADOS SIN ESPECIFICACION

Estimados Usuarios gracias por haber considerado experimentar nuestro servicio., con su cambio, y usted notara la diferencia que le permitirá crecer junto a nosotros como empresa

ÍNDICE